Analyse de l'œuvre

Par Lucile Lhoste

Regain

Jean Giono

LePetitLittéraire.fr

Analyse de l'œuvre

Par Lucile Lhoste

Regain

Jean Giono

LePetitLittéraire.fr

Rendez-vous sur lepetitlitteraire.fr et découvrez :

Plus de 1200 analyses
Claires et synthétiques
Téléchargeables en 30 secondes
À imprimer chez soi

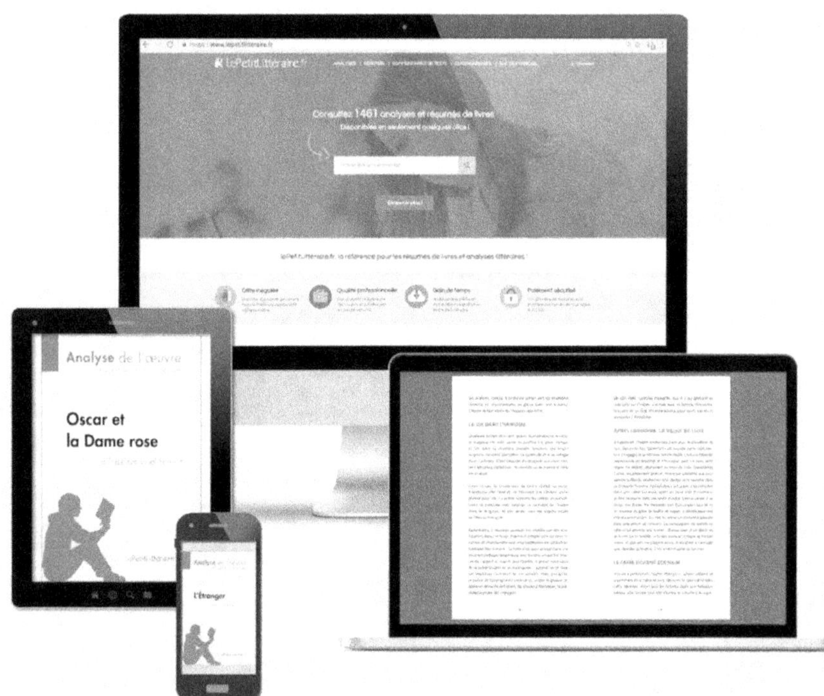

REGAIN

UNE ODE À LA TERRE ET LA NATURE

- **Genre** : roman paysan
- **Édition de référence** : *Regain*, Paris, Le Livre de Poche, 1995, 178 p.
- **1ère édition** : 1958
- **Thématiques** : Provence, Pan, nature, paysannerie, renaissance

Regain est l'un des premiers romans d'un jeune Jean Giono – qui a 35 ans à l'époque de la publication. Troisième livre de ce qu'on appelle la *Trilogie de Pan*, après *Colline* (1929) et *Un de Baumugnes* (1929), il situe son action dans la Haute Provence, chère à l'auteur, et met en avant une nature sauvage avec laquelle il n'est pas impossible que l'homme coexiste. En effet, si le village d'Aubignane est déserté de presque tous ses habitants, c'est la nature elle-même et le vent en particulier qui lui permettent de revivre. Ainsi, en retissant un lien avec la terre, les personnages font renaitre le village et récoltent de quoi vivre et plus tard faucher le regain.

Auparavant florissant, le village provençal d'Aubignane ne comprend au début du récit que trois habitants, dont deux partent rapidement : le premier chez son fils, la second disparait une nuit après avoir demandé au vent d'amener une femme au dernier villageois, Panturle. Quelque temps plus tard, le rémouleur Gédémus et sa compagne Arsule s'aventurent dans les environs. Panturle s'aperçoit de leur présence et, durant le sommeil de Gédémus, emmène Arsule à Aubignane pour en faire sa femme. Devant désormais subvenir aux besoins du ménage, Panturle recommence à travailler la terre pour cultiver du blé et troquer ses ressources. Bientôt le village retrouve de sa superbe et se redéveloppe, alors qu'une famille emménage pour cultiver un champ à son tour. Arsule annonce finalement être enceinte, augurant d'un avenir heureux pour Aubignane.

JEAN GIONO

ÉCRIVAIN ET CINÉASTE FRANÇAIS

- **Né en 1895 à Manosque (France)**
- **Décédé en 1970 dans la même ville**
- **Quelques-unes de ses œuvres :**
  - *Que ma joie demeure* (1936), roman
  - *Le hussard sur le toit* (1951), roman
  - *Faust au village* (1977), recueil de nouvelles

Jean Giono nait le 30 mars 1935 dans une famille pauvre dont il est le fils unique. Pour aider ses parents, il doit renoncer à ses études pour travailler dans la banque et construit donc par lui-même ses connaissances littéraires. C'est vers cette période qu'il commence à écrire. Mobilisé dès le début de la Première Guerre mondiale, il en ressort profondément marqué par les combats et les morts de ses camarades et devient viscéralement pacifiste. Malgré des accusations de collaboration pendant la Seconde Guerre mondiale, il a caché et aidé des juifs et fut lui-même emprisonné. Il s'est engagé politiquement à une période, mais n'a pas réellement dicté de conduite à tenir à ses disciples.

Son succès littéraire se confirme à partir de 1929 avec la publication de *Colline*. La banque où il travaille est liquidée la même année, le poussant à consacrer sa vie à la littérature. Son œuvre, à cette époque, exalte déjà le lien entre l'homme, la nature et la fraternité. Ces premiers succès sont confirmés après la Seconde Guerre mondiale, notamment avec *Le hussard sur le toit* (1951). Giono est ainsi élu à l'académie Goncourt en 1954 et est invité à présider le jury du Festival de Cannes 1961. Intéressé par le cinéma, il collabore à l'écriture de scénarios et réalise lui-même *Crésus* en 1960. Attaché à sa terre natale, il n'a quasiment jamais quitté les environs de Manosque, où il a fait sa vie avec son épouse et ses deux filles et est mort d'une crise cardiaque en 1970.

RÉSUMÉ

AUBIGNANE, MORT ET RENAISSANCE D'UN VILLAGE

Dans un village de Haute Provence dénommé Aubignane ne subsistent que trois habitants : Panturle, colosse qui comble sa solitude en chassant pour se nourrir, la Mamèche, veuve d'un puisatier mort tragiquement, et Gaubert, vieux forgeron. Depuis bien longtemps, le village est à l'abandon, au fur et à mesure des départs des habitants pour une vie plus florissante ailleurs. Préoccupé par une vie sans descendance, Panturle ne peut cependant se résoudre à quitter sa terre et la tombe de sa mère. Aussi, quand Gaubert lui annonce partir à son tour pour vivre ses vieux jours à l'abri chez son fils, Panturle est-il bien désolé. Il consent cependant à accompagner le vieil homme et à porter son enclume qu'il ne peut laisser derrière lui. Plus tard, Panturle est amené à rendre visite à son ami. Il retrouve alors le même homme, mais profondément diminué, pouvant à peine se lever ou redresser la tête pour lui faire face. Gaubert admet à demi-mot que quitter Aubignane était une erreur et que sa vie et sa santé étaient intrinsèquement liées à sa forge.

La Mamèche, restée au village envers et contre tout, est persuadée que c'est la nature qui amènera au salut de Panturle et lui permettra de construire sa vie tout en restant à Aubignane. Plus précisément, elle pense que le vent et la terre lui amèneront un jour une femme avec laquelle fonder une famille, car elle sait que la question le pré-occupe. À partir de là, le comportement de la Mamèche devient étrange : Panturle la trouve par exemple en train de parler à la terre, disant que « ça » doit venir d'elle pour tenir. Elle commence à se préparer comme si elle pressentait ce qui allait venir. Une nuit d'hiver, Panturle est finalement réveillé par un cri de la Mamèche. Celle-ci est perchée sur un rempart, brandissant du feu dont la fumée révèle un vent du sud. Elle le sent, « ça » vient, tandis que Panturle sent lui aussi que le vent du printemps s'est levé. Le lendemain, il cherche la Mamèche partout dans le village. Il ne la trouvera nulle part et, chez elle, tout semble avoir été mis en ordre en vue de sa mort.

Panturle ne reverra plus la Mamèche vivante. En revanche, sa prédiction se réalise : ayant senti que des gens s'étaient rapprochés de son environnement, Panturle rencontre la jeune Arsule dont il fait sa femme. Avec elle, il retrouve le goût de cultiver la terre au lieu de ne faire que chasser, et contribue au redéveloppement d'Aubignane en fondant une famille avec elle. Le récit se conclut par l'annonce de la naissance imminente de leur premier enfant. C'est un jour de retour de transaction avec un ami que Panturle découvre les restes de son amie la Mamèche, vraisembla-blement décédée sur le plateau après avoir fait assez peur à Arsule pour qu'elle dévie de sa route et rencontre son époux.

LA VIE AVEC ARSULE

Peu après la disparition de la Mamèche, le rémouleur Gédémus et sa compagne Arsule, qui tire sa voiturette, font route dans la zone de la montagne de Lure. Le trajet est long, aussi doivent-il s'arrêter pour reprendre des forces. Durant cette pause, Arsule aperçoit une ombre menaçante au loin mais Gédémus, parti voir de quoi il retourne, ne voit rien. Les deux continuent donc leur route et trouvent une grange où ils passent une nuit agitée. Les voilà le lendemain en vue d'Aubignane, où ils décident de faire une autre pause. Ils s'asseyent dans l'herbe, sans le savoir, devant la maison de Panturle. Ce dernier vient de chasser le renard et l'a éventré dans son entrée, faisant couler le sang jusque sous la porte. Arsule s'en aperçoit et Gédémus et elle, terrifiés, fuient aussitôt. Mais Panturle s'est entretemps aperçu de leur présence, et observait la jeune femme depuis son grenier. Il s'empresse donc de partir à leur recherche et suit leur piste jusqu'au Gaudissart, d'où il chute et tombe inconscient.

Quand Panturle se réveille, Arsule est auprès de lui. Gédémus et elle se trouvaient non loin et l'ont vu tomber du haut du cours d'eau avant de lui porter secours. Panturle et Arsule parlent ensemble, le premier surtout, pour expliquer ce qui l'a amené auprès d'elle. Puis l'homme se lève et déclare qu'ils vont à la maison. Les deux rentrent à Aubignane en tant que couple. Sous l'impulsion d'Arsule, qui adapte leur maison à la vie d'un ménage, Panturle redevient progressivement paysan. Il remet son champ en culture pour faire du blé tandis que sa femme se dédie à son nouveau rôle d'épouse. Les allumettes remplacent la pierre noire et, comme les draps de la maison de Panturle sont inutilisables, ils se résolvent à utiliser ceux laissés par la Mamèche. À l'occasion d'une foire, ils vendent leur blé et gagnent ainsi leur pain. La vie est tranquille et heureuse.

Deux événements finissent de sceller leur existence commune à Aubignane. Tout d'abord, Panturle a la surprise de faire un jour la rencontre d'un homme sur le champ abandonné d'un voisin. Ce dernier explique avoir voulu avec sa compagne retourner à la terre, et ils ont donc décidé de s'installer là avec leurs trois jeunes enfants. Le village commence ainsi à se repeupler, avec qui plus est de très jeunes habitants. Ensuite, un soir, Panturle voit arriver dans sa demeure un homme qui l'interroge sur sa compagne, qui est alors en train de s'affairer à l'étage. Cet homme n'est autre que Gédémus qui, après son réveil sur le plateau de Lure, n'a pu que constater le départ d'Arsule et la recherchait depuis. Le rémouleur n'est pas tant inquiet pour son ancienne compagne que pour sa propre situation : il est vieux et a du mal à tirer sa voiturette lui-même. Panturle comprend qu'il a plus besoin d'une bête de somme que d'une épouse, et lui offre 60 francs pour acheter un âne et de l'équipement. Après avoir partagé une boisson avec son hôte, Gédémus s'en va définitive-ment, sans qu'Arsule ait eu vent de sa présence. Sans le savoir, elle vient d'être libérée de toute obligation envers son ex-compagnon. Au printemps suivant, dans une Aubignane renaissante, Arsule arrive auprès de Panturle qui réalise en la voyant évoluer que la vie suit son cours : la jeune femme est enceinte, embaumant de joie l'homme qui a retrouvé sa place dans l'ordre naturel du monde.

ÉTUDE DES PERSONNAGES

PANTURLE

Panturle est le dernier habitant d'Aubignane avant son repeuplement. Âgé de plus ou moins 40 ans, c'est un homme fort et solide qui ne rechigne pas au travail et aide volontiers qui en a besoin. Il est viscéralement attaché à son village et à ses habitants, qui sont ses repères. Sans famille – la sépulture de sa mère notamment se trouve à Aubignane, l'une des raisons pour lesquelles il ne part pas –, il n'a que sa chèvre Caroline à ses côtés. Ayant cessé de cultiver la terre, il est devenu sauvage et se repose sur la chasse – et le lait de Caroline – pour se nourrir. Panturle nourrit cependant secrètement le désir de trouver une femme avec laquelle construire sa vie. C'est à partir du moment où il s'en ouvre à la Mamèche que son horizon s'éclaire : comme si la volonté de son amie avait forcé le destin, il fait peu après la rencontre d'Arsule, qui devient sa femme parce que les deux ressentent que les choses doivent se passer ainsi. La jeune épousée offre à Panturle l'élan qui lui manque pour retrouver sa place dans l'ordre du monde. Le chasseur redevient paysan, ancré dans la nature et déterminé à vivre en coexistence avec elle.

Panturle est homme de peu de mots. Il n'est jamais très prolixe, sauf lorsqu'il révèle à Arsule les raisons qui l'ont poussé à venir à elle. À partir du moment où sa vie recommence, il se montre également d'une honnêteté et d'une fidélité à toute épreuve. Il demandera par exemple au vieux Gaubert, pourtant parti d'Aubignane depuis un moment, de lui construire une charrue parce qu'il tient à utiliser en premier une charrue faite des mains de son ami. Quand Gédémus vient lui réclamer de lui rendre Arsule, Panturle estime que si le rémouleur pense avoir donné deux ans à la jeune femme, c'est surtout elle qui lui a sacrifié deux ans comme bête de somme. Il est conscient de la valeur morale d'Arsule et considère que quoiqu'elle ait pu faire ou être dans le passé, cela ne compte pas, ce qui démontre plus que des mots la place qu'elle a acquis dans sa vie. Les traditions et l'ordre des choses semblent également revêtir une grande importance pour Panturle. En témoigne par exemple le réflexe immédiat qu'il a en trouvant les restes de la Mamèche, allant jusqu'à défaire les draps du lit conjugal pour que la vieille femme repose dedans comme cela doit être.

ARSULE

Arsule est une jeune femme, plus jeune que Panturle quoiqu'on ne sache pas exactement son age. Il est par contre certain qu'Arsule n'est pas son vrai nom : c'est une appellation provençale qu'on lui donne à Sault parce que cela sied bien au village. Auparavant, on l'appelait Irène, ou un surnom approchant, mais qui reste un mensonge vis-à-vis de sa véritable identité qui reste inconnue. Arsule intervient pour la première fois en tant qu'artiste : elle doit se produire à Sault sous l'égide de son manager Tony. Mais la soirée tourne mal et Tony l'abandonne sur place. Enfermée et violée par des hommes du village, Arsule doit son salut à une femme qui l'abrite quelques temps, puis elle rejoint quelques années plus tard Gédémus pour qui elle devient à la fois épouse et servante.

C'est un véritable contraste qui s'observe entre les comportements d'Arsule avant et après sa rencontre avec Panturle. Pendant la période de deux ans avec le rémouleur, la jeune femme est soumise, supporte la douleur en silence, semble même avoir une certaine forme d'affection pour son homme. Elle sait qu'elle devra trainer la voiturette pendant la majeure partie des trajets, mais s'est résignée à son sort. Quand elle arrive définitivement à Aubignane, elle parait savoir d'instinct comment gérer la maison : c'est elle qui incite Panturle à acheter des allumettes pour le feu, elle encore qui décide de l'aménagement du foyer et surtout de l'établissement du lit conjugal. Sa résignation a disparu car elle se sent à sa place, sur la terre qui l'attendait et avec l'amour de Panturle comme récompense.

La relation entre Panturle et Arsule s'établit de manière immédiate et tout à fait naturelle, comme si l'un et l'autre avaient compris qu'ils étaient amenés à se rencontrer tôt ou tard. Arsule le confesse par ailleurs, rejoignant la pensée de son nouveau compagnon : elle est intimement persuadée que c'est la Mamèche qui l'a guidée jusqu'à lui. Arsule est somme toute une femme simple aspirant à une vie qui l'est tout autant et cette vie, elle la trouvera à Aubignane.

LES AUTRES PERSONNAGES

Gédémus, le rémouleur et ancien compagnon d'Arsule, apparait en deux principales occasions. Il est d'abord celui qui entraine la jeune femme sur la montagne de Lure pour conduire la voiturette, la mettant successivement sur la route de la Mamèche et de Panturle. Par la suite, ayant entendu parler de la maison Bridaine – celle de Panturle – dans un autre village, il s'y rend à nouveau pour confronter le protagoniste et tenter de récupérer sa femme. Cette seconde occurrence permet de cerner plus clairement les préoccupations purement matérielles de Gédémus : il ne considère pas tant Arsule en tant que femme qu'en tant que servante. À ses yeux, l'avoir gardée et nourrie constitue un motif suffisant pour qu'elle le serve sur tous les plans. Elle ne vaut pas plus pour lui qu'une bête de somme, qui se voit dans sa manière d'accepter presque sans rechigner les 60 francs de Panturle pour remplacer Arsule par un âne.

Gaubert, le forgeron du village, est fort âgé. C'était auparavant un homme volontaire, auquel on pouvait volontiers demander une charrue ou tout autre travail de forge. Mais il a vieilli et son enclume s'est usée. Ses muscles ont fondu et il n'a désormais plus la forme de sa jeunesse. Il accepte dès lors la proposition de son fils de venir habiter chez lui. Ainsi qu'il l'admettra plus tard, il le regrette : partir lui a fait prendre conscience que, comme Panturle, comme la Mamèche, c'était le fait de rester ancré dans la nature à Aubignane qui le maintenait en forme. S'en éloigner l'a avant tout éloigné de sa terre, ce qu'il paie en voyant ses forces l'abandonner définitivement.

La Mamèche est une vieille femme d'Aubignane et amie de Panturle. Elle a durement été éprouvée par la vie : son mari, puisatier, est mort noyé dans le puits dans lequel il était descendu, et elle a eu un fils prénommé Rolando également décédé. La Mamèche croit profondément en la force de la nature et n'aspire désormais qu'à retourner à la terre comme son mari et son enfant. Elle pense aussi que c'est cette terre, aidée du vent, qui amènera le renouveau dont Aubignane a besoin. Bien que son comportement intrigue de plus en plus Panturle, la doyenne a bien pressenti quel était son rôle : elle disparait du village après avoir remis en ordre ses affaires et fait en sorte de guider Arsule sur la bonne route. Elle finira comme elle l'a voulu, en quelque sorte dans sa terre, puisqu'une fois envelop-pée dans ses draps, elle est déposée dans le puits où son époux est mort.

CLÉS DE LECTURE

UN ANCRAGE PROVENÇAL ET PAYSAN

Il n'y a pas à chercher très loin pour comprendre où Jean Giono puise son inspiration géographique. Lui qui n'a quasiment jamais quitté sa Manosque natale, si ce n'est pour s'installer en contrehaut de la ville, situe l'action de *Regain* dans la zone de la montagne de Lure, au nord de Manosque. Si le nom d'Aubignane est inventé, Giono a par contre bien connu le vieux village de Redortiers – à ne pas confondre avec la commune actuelle du même nom, qui englobe plusieurs villages environnants – où il passait en faisant ses tournées lorsqu'il était employé de banque. Le vieux Redortiers était alors à l'abandon, faute d'habitants, et Giono était déjà préoccupé par la question de la civilisation paysanne. Le village était en effet un exemple parmi d'autres de ces lieux rendus à la nature, ce qui a incité l'écrivain à s'inspirer des lieux pour créer le décor de *Regain*. Dès les premières lignes du roman, il est d'ailleurs possible de tracer l'itinéraire de la diligence évoquée par Giono : partie de Manosque, elle passe par les lieux eux aussi réels de Vachères, Revest-des-Brousses et Banon. En suivant cette route sur une carte, on finit effectivement par aller vers Redortiers. Gédémus et Arsule viennent eux de Sault, à l'ouest. Ils se dirigent vers l'est, entre le dos de la montagne de Lure et les Chenerilles mais, effrayés par la Mamèche, dévient vers le sud… droit sur Aubignane.

Les valeurs paysannes

Le récit se situe donc tout entier sur le plateau du Contadour, cher à Giono et où il organisa des réunions littéraires – les Rencontres du Contadour – entre 1935 et 1939. Le décor est évident, tout comme le constat de Giono qui est plus général : une civilisation paysanne qui disparait au fur et à mesure que les villages se dépeuplent et que leurs habitants abandonnent leurs valeurs pour se conformer à une vie citadine – Gaubert en est encore une fois l'exemple. Il n'est pas nécessairement question de prôner un retour à la nature comme il s'en voit parfois encore aujourd'hui. Ce qui est réellement à l'œuvre, c'est ce lien tissé par les paysans avec la terre. Ils font de leur mieux pour vivre en harmonie avec elle et respecter son rythme. Les maisons ne défigurent pas le paysage, les techniques agricoles de Panturle ne mutilent pas inutilement les sols, et les relations entre les individus se basent sur un lien de confiance. En ville, Panturle doit marchander son blé contre de l'argent avec des inconnus ; sur le plateau, il donne ou reçoit sans mesure précise parce qu'il peut compter sur ceux qui sont devenus ses amis. La parole remplace la force et la manipulation dans ses rapports avec Gaubert, la Mamèche, le fermier dit l'Amoureux, et surtout Arsule.

Tout le roman foisonne ainsi de ces valeurs simples qui sous-tendent comme une évidence le rapport entre l'homme et la nature. Mais à l'époque de la rédaction de *Regain*, Giono connait déjà la problématique des villages désertés et des valeurs qui s'affadissent. Il est dans une logique de nostalgie et d'aspiration à retrouver le contact avec ces valeurs, la considération pour ce qu'il considère comme les vraies richesses – la simplicité des joies offertes par la nature, prendre le temps de vivre, de tisser des liens, de créer. Repeupler les villages abandonnés ou non importe peu à côté du véritable espoir de l'auteur qui est que ces valeurs puissent survivre dans le monde moderne, gangréné par la matérialité et l'enrichissement.

Le style face à la critique

À sa parution, *Regain* fait face à une critique peu enthousiaste. Rares sont ceux qui discernent dans cette œuvre le réalisme, la poésie et la grandeur naturelle chère à Jean Giono. La majorité tend plutôt à classer le récit parmi les romans paysans, mais à y préférer des noms plus reconnus. On reproche également à l'auteur de rendre les paysans trop beaux, dans le sens où on trouve trop de poésie dans la manière où Panturle et Arsule perçoivent leur environnement et leurs interactions. Le paysan est censé mal parler, l'écrivain doit donc soit conserver ces incorrections, soit les adapter en un français correct. Giono a choisi la deuxième solution en affichant des personnages parlant peu et des considérations intérieures qui se confondent avec la narration. Le résultat est une histoire où les protagonistes s'émerveillent régulièrement du déchainement et de la beauté de la nature environnante, tout en se méfiant de ce qui concerne la vie citadine – la seule expédition en ville de Panturle et Arsule, sur le marché, ne dure guère longtemps tant ils ne s'y sentent pas à leur place.

La critique s'alarme parfois également de l'aspiration de Giono aux vraies richesses et à un retour aux valeurs paysannes. Ce qu'offre le roman consiste en un repeuplement d'Aubignane et un avenir radieux pour le village, mais l'époque est à un abandon croissant de ces mêmes villages. N'est-il donc pas illusoire d'exalter ces valeurs au risque de faire croire qu'une nouvelle vie paysanne est possible ? Certains commentateurs de l'œuvre craignent qu'elle ne trouve guère de résonance et qu'elle fasse l'apologie d'un passé définitivement perdu. Plus précisément, elle présente un risque que les valeurs prônées par Giono ne trouvent pas assez d'écho pour que sa poésie soit entendue… et qu'elle reste comme un roman paysan anecdotique au lieu d'y voir la force et le merveilleux que l'auteur tenait tant à véhiculer.

LE RÉALISME MERVEILLEUX

Regain, et la *Trilogie de Pan* de manière générale, se teint régulièrement d'éléments à la limite du surnaturel, comme si des forces supérieures commandaient les événements qui surviennent dans le roman. Cette idée a d'abord été traduite sous le nom de « réalisme magique » par Franz Roh (historien, photographe et critique d'art allemand, 1890-1965) pour caractériser les œuvres somme toute réalistes voire historiques, mais où des éléments magiques ou surnaturels surviennent sans que cela soit particulièrement choquant pour le narrateur ou les personnages. Le terme a ensuite été repris pour caractériser certaines œuvres de la littérature latino-américaine, d'abord par Arturo Uslar Pietri (écrivain vénézuélien, 1906-2001), puis en 1949 par Alejo Carpentier (écrivain franco-cubain, 1904-1980), qui lui donna le nom de « real maravilloso ». La traduction littérale du terme, le réalisme merveilleux, commence à être utilisée dès 1956 pour caractériser la littérature haïtienne. Réalismes magique et merveilleux ont tendu à se confondre avec le temps, bien que Carpentier ait introduit la notion de « real maravilloso » pour se distinguer du premier.

Une notion universelle et sans limite de genre

Malgré son historique, le réalisme magique ou merveilleux ne connait pas de limites géographiques ou de genre. Il se retrouve dans des récits d'auteurs variés, de l'Amérique du Sud – *Cent Ans de solitude* (1967) de Gabriel García Márquez (écrivain colombien, 1927-2014) est l'un des romans emblématiques du mouvement – à l'Asie – citons par exemple Haruki Murakami (écrivain japonais, né en 1949). Dans l'espace francophone, il s'illustre dans des récits de Marcel Aymé (écrivain français, 1902-1967), Céline (écrivain et médecin français, 1894-1961) ou Patrick Chamoiseau (écrivain français, né en 1953). Si l'idée du réalisme merveilleux est née dans la première moitié du XXe siècle, elle a traversé le temps et se retrouve aujourd'hui encore dans des œuvres contemporaines. Le développement des traductions dans le monde moderne a par ailleurs permis de faire circuler et populariser la notion plus facilement. Preuve en est qu'elle est née pour commenter une exposition picturale à Mannheim en Allemagne, avant d'être reprise par des auteurs sud-américains ayant voyagé en Europe. De nombreux artistes se sont ensuite revendiqués de ce courant. En revanche, les noms de réalismes magique et merveilleux ne sont respectivement rattachés qu'à des zones bien précises : le réalisme magique est avant tout associé à la littérature latino-américaine et à la *world literature* – un nom anglophone pour désigner la circulation des œuvres au-delà des frontières et des langues – tandis que le réalisme merveilleux reste attaché aux Antilles et au Canada francophones.

Si l'on parle de notion ou de courant, c'est parce que réalisme magique comme merveilleux ne sauraient se cantonner à un type de production précis. Ce n'est pas un genre au sens où la littérature l'entend habituellement, mais plutôt quelque chose qui est susceptible de se retrouver dans une multitude de genres littéraires différents. De la même manière, le courant s'inscrit dans divers types de productions – romans, poésie, etc. – et même ailleurs qu'en littérature. La peinture et le cinéma, en ce sens qu'ils permettent des représentations à la fois narratives et picturales, sont un lieu rêvé d'expérimentation. L'artiste américain Edward Hopper (1882-1967) et plus récemment les cinéastes Emir Kusturica (né en 1954) et Guillermo del Toro (né en 1964) peuvent être cités. Si l'on se cantonne cependant au réalisme merveilleux, les limites géographiques ne permettent pas d'aller aussi loin dans les frontières et les grands noms. Jean Giono lui-même n'y est d'ailleurs que partiellement lié : si son nom est parfois associé au réalisme merveilleux, c'est surtout vis-à-vis de la *Trilogie de Pan* – composée pour rappel de *Colline*, *Un de Baumugnes* et *Regain*, tous publiés entre 1929 et 1930 – qui reste sa principale œuvre teintée par ce courant.

Le réalisme merveilleux dans *Regain*

Le récit de *Regain* est fortement marqué par la prééminence de la nature, voire la façon dont elle guide les actions des hommes. À ce titre, le réalisme merveilleux s'y illustre à titre principal par les forces que la nature met en œuvre pour provoquer la rencontre de Panturle et Arsule. Feu, eau, terre, air… tous jouent un rôle irrationnel dans le déroulé des événements. Le premier a sans doute le rôle le plus mineur : on le voit principalement quand la Mamèche, sortie la nuit de sa disparition, l'utilise pour déterminer le sens du vent et acter définitivement l'arrivée prochaine de la femme de son ami. L'eau, c'est celle du cours d'eau que longe Panturle en traquant Gédémus et Arsule, et dont la chute le précipite droit aux pieds de sa future épouse. La terre est celle d'Aubignane, grasse mais abandonnée par les hommes revenus à des traditions plus sauvages, et avec laquelle Panturle devra se battre quelque peu pour la remettre en culture et avoir son blé et son pain. Le vent, enfin, est certainement l'élément qui revêt le plus d'importance dans le roman : il est constamment présent, tantôt hostile tantôt doux, et accompagne les personnages dans la majeure partie de leurs actions.

Ces présences pourraient quelque part être réalistes – ce sont après tout des éléments tout à fait naturels – mais la manière dont elles se manifestent ne peuvent être retenues comme telles. Elles s'accompagnent de trop de fausses coïncidences pour ne pas être surnaturelles. De plus, Panturle, Arsule et la Mamèche, les principaux spectateurs des manifestations élémentaires, ne s'alarment jamais du caractère irréaliste des événements. Ils ne se posent pas de questions et, dans le cas de la Mamèche, croient même profondément au caractère supérieur des forces de la nature. C'est la vieille femme qui en appelle à la terre, au vent et au feu pour faire venir Arsule, tandis que Panturle la voit faire sans s'en alarmer outre mesure. Le fait est qu'après les demandes de la Mamèche à la terre, les choses s'accélèrent, le vent de sud est plus fort, et l'arrivée d'Arsule est imminente. Réalité et surnaturel s'entremêlent pour le meilleur, et en viennent même à rétablir un ordre qui ne sera que profitable aux habitants d'Aubignane.

PAN ET L'ORDRE DU MONDE

Le dieu Pan

Regain est le troisième livre de la *Trilogie de Pan*, qui doit son nom au dieu des bergers d'Arcadie, une région au centre du Péloponnèse, en Grèce. Si ses origines divergent selon les textes, dans la tradition la plus répandue, il est le fils du dieu Hermès et d'une nymphe qui l'a abandonné à la naissance, effrayée par la monstruosité du nouveau-né. Il est équipé d'une syrinx, plus couramment appelée flûte de Pan, dont le son est censé favoriser la floraison de la nature et l'accouplement des animaux. Pour Giono, Pan est associé notamment au vent, il sous-tend les forces de la nature. Il n'y a rien d'anodin au nom du héros de *Regain*, qui est composé du nom de ce dieu et de celui de la montagne de Lure. Panturle est en effet un personnage qui, après s'être abandonné aux lois naturelles et être redevenu sauvage, retrouve petit à petit sa place dans l'ordre du monde : il était arbre, figé, et le voilà colonne, solide, dominant la terre qu'il contribue à faire revivre.

Ce n'est pas la même dimension du dieu Pan qui est à l'œuvre dans les trois tomes de la trilogie. Dans *Colline*, où un village est victime de phénomènes inquiétants après que des habitants aient tenté d'abattre un sanglier, Pan est le dieu qui préside à la panique. Alors que le doyen du village commence à prédire une vengeance de la nature, des événements mystérieux sèment la peur et plongent les habitants dans une folie telle qu'ils tiendront le doyen irrationnellement responsable de leurs malheurs. *Un de Baumugnes* présente déjà un visage plus doux : malgré les obstacles qui se dressent sur leur route, Albin et Angèle connaissent une fin heureuse. *Regain* n'est pas exempt d'inquiétudes : la colère de Pan se manifeste dans l'arrivée du courrier à midi – heure à laquelle Pan souffre d'être dérangé – dans les premières lignes du récit ; dans le village d'Aubignane à l'abandon alors même que les terres sont cultivables ; ou encore dans le personnage de Gaubert qui tourne le dos à la nature et dont la santé décline à partir de là.

Un Ordre retrouvé

Le roman donne néanmoins à voir un autre volet du dieu Pan : celui qui fait souffler le vent du printemps – *Vent de printemps* était l'un des titres envisagés – et favorise l'idylle paysanne de Panturle et Arsule. C'est un dieu positif, qui est synonyme de l'émotion ressentie devant la beauté de la nature et qui conclut d'ailleurs le roman à travers Panturle. Il permet de restaurer l'Ordre au sens paysan, en contraignant la terre à produire, en domestiquant les animaux – à l'instar de la chèvre Caroline à qui l'on fait produire à nouveau du lait – et en redonnant à chaque homme et chaque femme la place qui lui revient. Arsule remet un ordre domestique dans la maison, tandis que Panturle en remet un à l'extérieur en luttant avec la terre pour la cultiver. Il n'exploite pas la terre outre mesure mais en perfectionne le potentiel et coexiste avec elle. La nature est cultivée et influence tout autour d'elle : le couple se vêt et se nourrit grâce au fruit de son labeur. Les transformations de la nature se ressentent jusque dans les métaphores utilisées par Giono qui résonnent en miroir avec la manière dont l'homme façonne la terre. Il s'agit d'un ordre où chacun est là où il doit être : d'abord l'homme, puis la femme qui marche dans ses pas, puis la terre.

Si le récit se termine sur une note heureuse, avec un Ordre retrouvé, une terre foisonnante, un village renaissant et une famille sur le point de s'agrandir, rien n'est acquis de façon permanente. Tant qu'il y a don d'un côté comme de l'autre, la nature et les hommes s'accordent. La Mamèche doit en quelque sorte partir pour qu'Arsule puisse arriver, chacun y trouve son compte. Cependant, pour arriver à faire renaitre Aubignane, Panturle ne peut totalement se passer de dominer la nature : il doit labourer la terre de son couteau pour y semer quelque chose et l'obliger à servir les besoins humains. La question n'est pas tant d'évaluer les caractéristiques de l'Ordre ainsi rétabli, mais de savoir combien de temps il va durer. Il existe en effet une suite méconnue à *Regain*, *Triomphe de la vie* (1941) contée en supplément du texte *Les vraies richesses*

(1936), dans laquelle la fortune d'Aubignane a tourné. Les récoltes sont mauvaises, la nature redevient hostile et les personnages de *Regain* envisagent désormais de quitter le village. Pan y semble redevenu sauvage, alors que la terre soumise veut reprendre ce qu'elle a cédé. Que Panturle et Arsule aient restauré un ordre dans *Regain* est manifeste, l'harmonie est revenue et homme et nature s'entremêlent sans heurts. Mais cet Ordre ne saurait être assurément permanent : c'est le travail d'une vie, de plusieurs même, que d'agir de sorte que cette harmonie dure et reste profitable à l'homme comme à la terre.

PISTES DE RÉFLEXION

QUELQUES QUESTIONS
POUR APPROFONDIR SA RÉFLEXION...

- Après l'arrivée d'Arsule, Panturle est heureux de constater que les choses s'accordent : lui, puis Arsule, puis la terre. En quoi cet ordre précis est-il caractéristique de l'ordre naturel des choses tel que véhiculé par le roman ?
- La Mamèche est un personnage particulier : vieille femme qui a vécu tous les malheurs, elle garde foi en l'avenir d'Aubignane et met en œuvre tout ce qu'elle peut pour faire venir Arsule. Comment s'y prend-elle et comment le réalisme merveilleux s'entremêle-t-il à ses stratégies ?
- Le dieu Pan se retrouve dans l'ensemble de la *Trilogie de Pan*. Cependant, son influence est différente d'un roman à l'autre. De quelle manière son action sur *Regain* diffère-t-elle par exemple de celle qu'il exerce dans *Colline* ?
- Quelles distinctions peut-on opérer entre le réalisme merveilleux et le réalisme magique, et comment *Regain* peut-il être relié à ces courants de pensée littéraire ?
- Face à la question du parler paysan, Jean Giono a choisi d'employer majoritairement le monologue intérieur et de ne pas retranscrire fidèlement un « parler paysan ». Détaillez la pertinence ou non de ce choix selon vous.
- Souvent décrits par métaphores, c'est par Panturle et Arsule que l'on observe le mieux le rétablissement de

l'Ordre. Montrez en quoi ces métaphores évoluent pour illustrer l'évolution de leur lien à la nature.

- Quels éclairages le personnage de Gaubert apporte-t-il quant à la perte à laquelle l'homme est confronté quand il renonce aux « vraies richesses » ?
- Selon vous, la fin de *Regain* est-elle réellement une fin heureuse, ou l'Ordre affiché peut-il encore être menacé par les actions des protagonistes pendant le récit ?
- Par la suite, Giono donnera le nom de « vraies richesses » aux valeurs simples qu'il tient à mettre en avant. Ces valeurs sont-elles pour vous encore applicables dans le monde moderne ?

POUR ALLER PLUS LOIN

ÉDITION DE RÉFÉRENCE

- GIONO J., *Regain*, Paris, Livre de Poche, 1995

SOURCES COMPLÉMENTAIRES

- GIONO J., *Colline* (1929) et *Un de Baumugnes* (1930). Faisant partie de la *Trilogie de Pan* au même titre que *Regain*, leur lecture peut permettre de cerner plus globalement l'influence de Pan et des forces naturelles sur l'Ordre et la place de l'homme dans le monde paysan.

ADAPTATIONS

- *Regain* (1937), film français réalisé par Marcel Pagnol (écrivain et cinéaste français, 1895-1974) avec Fernandel (Gédémus), Orane Demazis (Arsule) et Gabriel Gabrio (Panturle). Le film est fidèle au roman et le village d'Aubignane, construit pour le tournage, existe encore quoique fortement dégradé.

SUR LEPETITLITTÉRAIRE.FR

- Analyse du livre de: Giono, Jean, *Les âmes fortes*, Folio, 1972. https://www.lepetitlitteraire.fr/analyses-litteraires/jean-giono/les-ames-fortes/analyse-du-livre

- Analyse du livre de : Giono, Jean, *Le grand troupeau*, Folio, 1972. https://www.lepetitlitteraire.fr/analyses-litteraires/jean-giono/le-grand-troupeau/resume
- Analyse du livre de : Giono, Jean, *L'homme qui plantait des arbres*, Gallimard, 1996. https://www.lepetitlitteraire.fr/analyses-litteraires/jean-giono/l-homme-qui-plantait-des-arbres/analyse-du-livre
- Analyse du livre de : Giono, Jean, *Le chant du monde*, Folio, 2000. https://www.lepetitlitteraire.fr/analyses-litteraires/jean-giono/le-chant-du-monde/analyse-du-livre
- Analyse du livre de : Giono, Jean, *Un roi sans divertissement*, Folio, 1972. https://www.lepetitlitteraire.fr/analyses-litteraires/jean-giono/un-roi-sans-divertissement/analyse-du-livre

Votre avis nous intéresse !
Laissez un commentaire sur le site de votre librairie en ligne
et partagez vos coups de cœur sur les réseaux sociaux !

le**PetitLittéraire**.fr

- des analyses de livres
- des fiches de lectures
- des commentaires littéraires
- des questionnaires de lecture
- des résumés

**Retrouvez
notre offre complète sur**
lePetitLittéraire.fr

L'éditeur veille à la fiabilité des informations publiées, lesquelles ne pourraient toutefois engager sa responsabilité.

© LePetitLittéraire.fr, 2023. Tous droits réservés

www.lepetitlitteraire.fr

ISBN version numérique : 9782808696821
ISBN version papier : 9782808696968
Dépôt légal : D/2023/12603/1957

Conception numérique : Primento,
le partenaire numérique des éditeurs.

www.ingramcontent.com/pod-product-compliance
Lightning Source LLC
La Vergne TN
LVHW010842200726
843508LV00012B/2701